AF246888

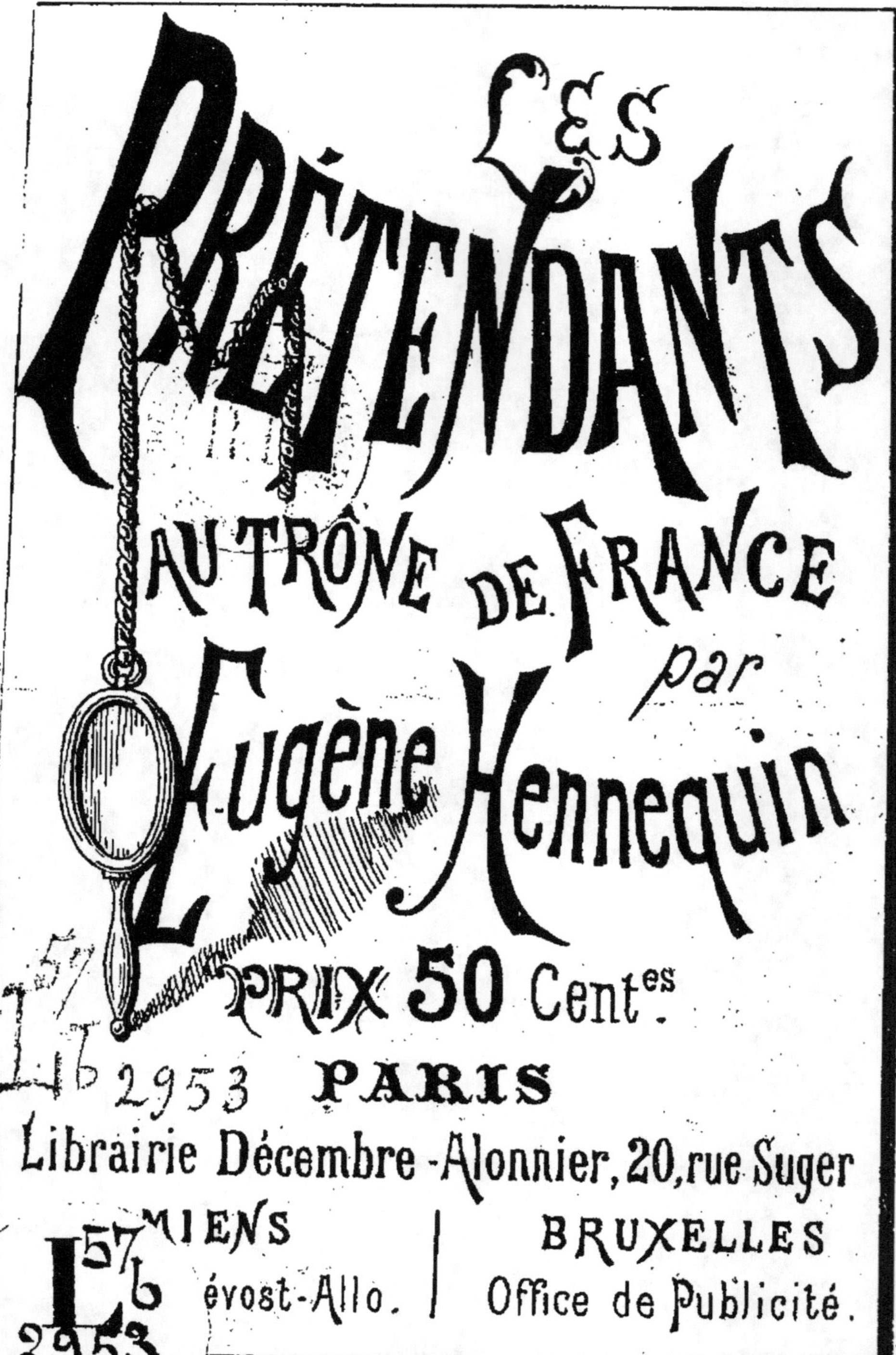

LES PRÉTENDANTS
AU TRÔNE DE FRANCE
par
Eugène Hennequin
PRIX 50 Centes.
PARIS
Librairie Décembre-Alonnier, 20, rue Suger
AMIENS
Prévost-Allo.
BRUXELLES
Office de Publicité.

LES PRÉTENDANTS

AU TRÔNE

DE FRANCE

PAR

EUGÈNE HENNEQUIN.

1871.

COMTE DE CHAMBORD

———

COMTE DE PARIS

———

NAPOLÉON III

———

LA RÉPUBLIQUE

———

PRÉFACE

En présence des faits accomplis depuis six mois, devant la marche qu'ont suivie les affaires de *notre chose publique*, qui ne s'est pas trouvé dérouté, parmi ceux-là même qu'une longue pratique des hommes et les leçons de l'histoire ont habitués à ne plus s'étonner.

Entre Septembre 1870 et 1871, quel chemin parcouru, quel fossé ! quel gouffre ! combien d'hommes et de réputations d'hommes ont tombé, dévallé, dévallé jusqu'au fond avant de le remplir, depuis Ducrot jusqu'à Trochu, depuis Bazaine jusqu'au pauvre Jules Favre.

Le fossé n'est pas comble et plus d'un pour le combler devra rouler encore......

A qui devons nous tout cela, quelle est la cause de cet abaissement de notre niveau intellectuel et moral ?

Je n'ai pas besoin de nommer.

— A celui qui vingt ans tint la France haletante sous son étreinte et ne la rendit qu'épuisée, étranglée, palpitante, les marques au front et aux membres des coups qu'il lui avait portés.

— A la cause de nos désastres, à celui qui partit contre 900,000 Teutons stylés et organisés depuis quinze ans pour cette campagne, qui partit, dis-je, comme pour une partie de chasse à Compiègne, ce nom...ce souvenir.. sont dans tous les cœurs pour le maudire....

Quel incommensurable abîme il a creusé ! Et que reste-t-il à la surface ?

Et n'est-ce pas le cas de dire de nos soldats, de nos finances, de notre armée, comme le poète latin le disait des matelots de Palinure :

o *Apparent rari, nantes in gurgite vasto.* »
« Le peu qui reste nage au milieu de l'abîme.»

Et que surnage-t-il ?

Des milliards à payer, des édifices en ruines, des impôts, des impôts et des ambitions, des compétitions de pouvoir à ne plus s'y reconnaître, si les bonnes journées du 2 juillet, du 8 et du 15 octobre, où le suffrage universel, naguère guillotine à ressort fonctionnant sous des mains aussi impériales que déloyales a fini par jeter des étincelles et à se dégager lumineux des voiles nuageux qu'on croyait pour longtemps devoir encore l'obscurcir, ne laissaient entrevoir une solution.

Le suffrage vient de parler encore et la campagne même, la campagne, dit M. Joigneaux, a reverdi, refleuri en intelligence, s'est hautement réjouie de ces résultats presqu'inespérés.

Allons ! ne désespérons plus de la lumière.

Elle percera tous les voiles, puisqu'elle a su se dégager du fumier épais sous les couches duquel l'empire avait presqu'étouffé ses feux.

A nous aussi, dans la limite de nos forces, de dissiper ces ténèbres et de porter la clarté sur les hommes et les choses, lorsque de près ou de loin nous apercevrons quelques feux dans la clairière.

Que le public nous comprenne, que l'opinion nous guide, nous nous attelons à notre tâche et commençons par une série de sept brochures, dont la première n'est que la préface.

Eugène HENNEQUIN.

COMTE DE CHAMBORD

(Air connu.)

—

Voyez ce vieux marquis,
Nous traiter en peuple conquis.
Son coursier décharné,
De loin chez nous l'a ramené.
Vers son vieux castel,
Ce noble mortel
Marche en brandissant
Un sabre innocent.
Chapeau bas ! (*bis*)
Gloire au marquis de Carabas !

BÉRANGER.

LE COMTE DE CHAMBORD

———

Ab Jove principium !
A tout Seigneur tout honneur !
Nous te saluons, Chambord !

— Comte de Chambord, dis-je. Tu n'es pas de ceux qu'on puisse sans inconvénient citer sans leur titre, et celui de citoyen te ferait faire une grimace..... que je vois d'ici.

Approche, que je te voie sous ton vrai jour. — *Là ! N' bougeons plus.*

C'est bien. Tu n'as plus de collerette, Henri V, à la Henri IV. — Elle te seyait pourtant la collerette gaufrée dont on avait affublé ton enfance.

Chacun des tiens depuis quarante ans, plus ou moins, s'attendait bien à la voir apparaître au-dessus de la cuirasse aussi bombée que légendaire du *Héros de la poule au pot*, rebronzée pour la circonstance et surmontée du casque à panache blanc qu'on ne trouva jamais, dit-on, que sur le chemin de l'honneur, ou dans les ruelles des belles.....

Ne devais-tu pas, à un jour qui n'a jamais été désigné, — mais que les tiens hâtaient de tous leurs vœux depuis la fuite de ton aïeul Charles X, depuis le jour où, relégué au château de Prague, tes nobles partisans, devenus tes gouverneurs, tes précepteurs, tes dresseurs, tes bourreaux, allais-je dire, *Camarilla sua-*

dente avoque, pour que tu pusses un jour enfourcher le cheval du Pont-Neuf, — préludaient à la campagne de France, en te dressant sur des hippogriffes, d'où tu tombais tout meurtri, dont tu tombais un jour.... un jour dont tu te souviens, car il te cassa la jambe et rendit ta Majesté boîteuse.

On n'est jamais trahi que par les siens. C'est ce bon Châteaubriand, tu sais, qui nous a conté tout cela dans ses bavardages, — bavard encore *outre tombe*.

De çà, de là, vous en aurez !

Point de cesse, point de relâche !

Et comme les deux pauvres servantes de la Fable, il te fallait aller tout le jour et t'escrimer d'estoc et de taille pour arriver à quoi ?

A rentrer dans un pays où presque

personne ne te connaît plus — où personne ne te veut plus — parmi s'entend la population pensante et active ;

A t'asseoir sur un trône où les autres tes rivaux s'asseyaient tous avant toi, — pour le vider comme l'avait vidé ton aïeul..... et encore, après l'avoir de plus en plus sali.....

Tu as eu jusqu'à présent le bon sens, le bon goût, la dignité de ne pas te presser, de résister aux sollicitations, aux entraînements de tous ces enragés, de tous ces faméliques d'argent, de places ou d'honneurs qui voulaient et veulent encore te faire sortir de tes retranchements, de ta retraite prudente, de ta dignité d'homme.

Mais voilà aussi que cela te gagne, on a fini par te monter la tête et les fumées de l'ambition te grisent..... En mai, tu as lancé ton *Manifeste*.....

Après tout, la place est vacante..... et bien que pas belle..... — notre avilissement, nos malheurs sont là, causés par le dernier de ceux qui l'occupaient..... — Vous aspirez tous encore à l'occuper.....

Tu as l'âge d'homme. La réserve que tu as eue jusqu'ici pouvait faire penser que tu as su devenir philosophe.....

Je vais te parler comme à un homme et non comme à un prince !

Eh quoi ! monté sur ce faîte,..... tu aspires à descen dre !.....

Il me semble voir un sage au haut d'une colline, occupé de la science et de la philosophie, de leurs pensées sublimes, qui, apercevan t dans la plaine voisine quelques moutons, quelques brebis malades..... oublieux de l'équilibre, se laisse dévaller jusqu'à eux..... pour.....

Pourquoi? Pour les guérir? — Pour les conduire à de gras pâturages? —

— Hélas! quelle terre nouvelle as-tu donc découverte?

— Hélas! Dis-nous quel remède nouveau tu as pour nous guérir? Qu'as-tu trouvé? Tes réflexions de l'exil, que t'ont-elles suggéré?

De qui reviendrais-tu entouré? Hélas! de ceux, tu sais, dont on a dit avec raison qu'ils n'avaient rien appris. Rien! que la revendication du milliard, la curée des places et la compétition des honneurs!

Ce ne sont plus eux: ce sont leurs fils ou petits-fils. — Hélas! ils sont bien tous les mêmes, et tu peux, prince, avoir de bonnes, d'excellentes intentions, les rues de Paris — enfer récent et véritable — en étaient pavées peut-être en mars dernier, mais les moyens d'exécution ? Et comment se dégageraient-elles du milieu de ce troupeau servile, à la tête folle et rancunière ?

— Prince, nous ne voulons plus du droit divin, — nous n'y croyons plus, — du bon plaisir, — nos pères en ont assez souffert et nous venons d'en souffrir.—

Et tout cela, c'est tout cela que tu nous ramènerais..... pour repartir bientôt, après avoir toi aussi fourni ta part et ton contingent de ruines.

COMTE DE PARIS

1830

—

En avant, marchons contre leurs canons!
A travers le fer, le feu des bataillons.
Courons à la victoire! (*Bis*).

———

1832

—

Philippe a trahi ses serments (*bis*),
Ce n'est plus notre roi, ce n'est plus qu'un tyran.
Aux armes (*bis*), vengeons-nous (*bis*)
[ou mourons]

LE COMTE DE PARIS

Après le Château, la Cité, après Chambord, Paris, — M. de Paris — le Comte de Paris.

Celui-là un instant, pour rentrer, s'est bien contenté de l'appellation, de la qualité de citoyen. — C'est le représentant de la royauté bourgeoise et citoyenne.

Les traditions, les exemples de l'aïeul sont là et il mettrait sans doute au besoin une cocarde tricolore..... ou rouge à sa casquette..... peut-être même blanche.

Çà passe ou change si facilement la couleur d'une cocarde ! Le rouge passe toujours, reste le bleu du juste-milieu et le blanc de la fusion.

Le blanc se salit, le bleu reste, on rappelle le rouge, puis le blanc, toujours le blanc ! l'absence de couleur..... le rien! rien !! rien !!!..... que sans creuser beaucoup on trouve au fond de tout.

— Promesses de rois, serments de princes, de généraux, de maréchaux, d'empereurs, d'hommes d'État, hélas ! de tous les partis.....

Ma foi, puisque je l'ai dit, je ne veux pas m'en dédire.

Que sais-je? — Qu'il s'en trouve un pour me démentir !

Et nous verrons bien.

Pour moi, depuis qu'au salon de la Conversation à Spa, l'été de 1869, j'ai entendu M. le comte de Paris dans un cercle, au milieu de ses amis, dire qu'il était *socialiste,* s'affirmer socialiste, avec les raisonnements et les démonstrations à l'appui, je ne doute plus de rien, ou plutôt je doute de tout.

Le petit-fils de Louis-Philippe — révolutionnaire et conspirateur, il est vrai, mais rien de plus, suivre dans ses errements l'auteur aussi aventureux qu'aventurier de l'*Extinction du Paupérisme !*

Certes, je le pensai de suite et je fus confirmé dans cette pensée : tout prétendant au trône est capable de tout.

Fi ! monsieur le comte ! Fi ! prince !

J'avais compris vos études sur la situation des ouvriers, sur l'état du travail et sur les associations ouvrières, votre livre sur les *Union-Trade.*

Cela avait encore sa raison d'être, et, appelé à régner par une éventualité qui pouvait se produire, vous aviez bien quelque motif de montrer à vos sujets éventuels que vous profitiez de votre séjour chez les Anglais pour essayer d'approfondir des questions qui à la vérité intéressent tout le monde depuis l'ouvrier jusqu'au fabricant, depuis le consommateur jusqu'au banquier et au chef de l'État, que cet État soit république ou monarchie.

Mais vous faire socialiste ! O Majesté future ! Quelle idée ! Quelle glissade !

Quelle dégringolade ! Allons! Mettous cascade et n'en parlons plus !

Je voudrais bien vous y voir au milieu de nous, essayant d'appliquer les théories socialistes, bien que mitigées et arrangées, que vous développiez alors et déclariez appliquables à l'état de notre société, l'été de 1869.

Socialiste pour rire ! Je voudrais bien que par impossible et pour un instant, avec mandat limité, on vous mît en mains la poêle à frire.

Ce serait sans doute un curieux spectacle que de voir comment vous vous y prendriez.

Mais non, ce ne serait pas curieux et même pas curieux du tout. On sait bien comment vous faites vous et les vôtres et ceux qui font comme vous. Et le changement de décor, après le premier acte, les péripéties et le dénouement sont prévus.

N'avons-nous pas vu votre aïeul Louis-Philippe, conspirateur en 1793, avec son père et Dumouriez, conspirateur sous le premier empire, et après l'empire, conspirateur sous la Restauration, sous Louis XVIII comme sous Charles X, affecter les formes populaires et se déguiser en bonhomme, se grimer en bon bourgeois pour damer le pion à ses bons parents de la branche aînée et nous amener 1830?

1830 !

Si plein de promesses ! 1830, avec sa Charte, décevant mirage, avénement de la bourgeoisie au pouvoir, de la partie éclairée, riche ou non de la nation !

Tu commenças par les poignées de main, par le feutre bourgeois et le parapluie, et suivant les errements de toutes les monarchies, tu continuas par la corruption, la corruption, la corruption, le drame intime de Chantilly où périt le dernier des Condé, les lois de septembre sur la presse, l'abaissement du drapeau national devant la Russie, du pavillon de nos flottes devant l'Angleterre, l'indemnité Pritchard, l'amoindrissement de la France devant les puissances, la loi sur les apanages, le règne des satisfaits et des ventrus !

De 1830 à 1848, quel chemin parcouru ! quelle réaction !

Nous sommes bien loin du socialisme ! du suffrage universel ! On ne veut seulement pas abaisser le cens d'une manière raisonnable.

Guizot, le doctrinaire Guizot règne et

gouverne, à côté du monarque bourgeois et vieilli, devenu apanagiste et moyen-âge.

Les banquets censitaires le troublent. Il rend contre eux comme Charles X contre la presse des ordonnances. Les banquets et la garde nationale l'emportent dans un tourbillon , comme la presse et la garde nationale avaient emporté Charles X.

Comme Charles X ! comme Charles, disait en partant et en soupirant le vieux roi.

— Et comment, prince ! Et toi aussi, après tout cela tu voudrais revenir ! Vois Philippe-Égalité, ton bisaïeul.

Il a eu beau se rapprocher tant qu'il a pu des mœurs populaires, et, abjurant son origine, foulant aux pieds sa famille, coiffer le bonnet rouge, pour aider à couper de son arbre généalogique le rejeton le plus fort, il lui a fallu à son tour courber la tête sous la hache révolutionnaire, qui ne s'est pas contentée de ses à peu près et l'a puni de ses faux-semblants.

Revenu aux traditions de sa famille et de sa branche, ton aïeul Louis-Philippe, plus honnête, il est vrai, ne fut guère plus heureux.

Il fit partir Charles X. — Après dix-huit ans de règne, il lui fallut partir comme Charles X. — Comme lui, bon gré mal gré, prendre le chemin de l'exil.

C'est là que tu as vécu, et si tu es né en France, tu ne t'en souviens plus guère. C'est en exil, c'est à l'étranger que tu as été élevé, que tu as grandi, que tu as vécu. Si tu es venu sur le continent, nous l'avons bien entendu dire. Plus heureux que bien d'autres, qui ont vécu et végété sur la terre d'exil, tu vis au milieu de la richesse, entouré de ta famille ; dans ton entourage on parle français ; quand tu viens en Belgique, ou en Suisse, qui t'empêche comme à tant d'autres de te croire en France ? Que dis-je ? Tu peux même actuellement franchir la frontière ?

Si tu la franchis, crois-moi, reste citoyen.

Nous avons bien entendu parler de de Chartres, ton frère, qui a servi en Amérique pendant la guerre de sécession, qui, paraît-il, a fait non sans éclat la dernière campagne de France, abrité sous le nom du chef d'escadron Martin.

Nous avons bien, il y a quelque vingt ans, connu tes oncles Joinville et d'Aumale : ils avaient parmi nous laissé de bons souvenirs, il est vrai.

Ils sont en France. Ils ont actuellement le droit de siéger à la Chambre. Puisse le rappel de la loi d'exil en avoir fait des citoyens !

Pour toi, voyons, si ce n'est les tiens, famille, amis ou serviteurs, qui te connaît ? Tu viendrais parmi nous comme un second flambeau de discorde, entre Chambord et Napoléon III.

Nos discordes !

Tu sais ce qu'elles sont ! Tu veux donc les accroître ?

Voyons. — Tu voudrais que nous te fissions le sacrifice de notre liberté ?

En échange, si cela pouvait s'échanger, — quelle panacée as-tu trouvée qui guérisse nos maux? Ils sont grands, sais-tu ?

Hélas ! un remède, une guérison, une panacée, tu n'en possèdes pas plus que d'autres. Tu peux être bon, c'est vrai, et brave comme un autre, mais au fond, que nous apporteras-tu ?

Rien autre chose, à notre pauvre France si épuisée, si triste et si pauvre, que tes courtisans à nourrir, et ton entourage à remplumer.

Ils n'ont rien oublié des traditions de la monarchie de 1830.

Les mêmes errements, eux et toi, malgré eux et malgré toi, vous ramèneraient fatalement sur la même pente et vous feraient glisser au fond de l'abîme.

Veux-tu donc, après cinq ans, après dix

ans au plus, comme Charles X, comme Philippe, ton aïeul, après avoir toi aussi fourni ton contingent de ruines, reprendre à ton tour le chemin de l'exil ?

———

NAPOLÉON III

(Airs connus.)

—

Avait pris femme, le Sire de Framboisy (*bis*).

———

Amis du pouvoir, voulez-vous savoir, etc.

———

V'la l'Sir de Fich-ton-Kan, qui s'en va-t-en guerre,
En deux temps et trois mouvements, sans devant
[derrière.
L'père, la mère Badingue, à deux sous tout l'paquet
L'père, la mère Badingue et le p'tit Badinguet.

NAPOLÉON III.

Et lui aussi se représente, voyez-le !
Il n'a pas assez de ses vingt ans de
règne pénible, de toutes ses défaites, des
massacres auxquels il nous a exposés,
des ruines qu'il a amoncelées, de l'épuisement où il nous a conduits, de Sédan et
de ses lâchetés, des centaines de millions qu'il nous a volés, place ! place ! il
lni en faut encore des millions, des
lâchetés, des ruines et des massacres.

Paris a brûlé sous l'eau ignée, sous le
pétrole des malheureux forcenés qui le
défendaient contre Versailles. — Rame-

nez de Prusse la garde impériale ! Il va monter à cheval, et, tenu sous les épaules par quatre valets galonnés, il va se mettre avec elle — en tête ou en queue — et massacrer, ravager ou la Province, ou Paris, ou Versailles.

Place ! place pour lui ! A son tour il faut qu'il arrive envers et contre tous.

N'a-t-il pas des policiers qui le réclament et qui ne peuvent plus vivre depuis qu'il n'est plus là ? Commissaires décorés ou à décorer, mouchards grands et petits qui dévoriez les copieux fonds secrets, n'est-ce pas? vous vivez encore, mais quelle différence ! et comme vous viviez mieux sous lui ! Vous étiez ses soutiens et ses plus fermes appuis. Ancien confrère, il était devenu votre père, votre saint patron, votre empereur !

Touchant accord ! ce que c'est que de s'entendre !

Eh quoi ! dira-t-on, il va revenir dans cette France qui l'a renié et lui a fait vider les arçons comme à un cavalier tyrannique et malhabile un coursier trop longtemps blessé et surmené !

Il veut revenir au milieu de ce reste d'armée, d'officiers, de soldats qu'il a menés à tant de boucheries, de généraux qui avaient fini par s'affranchir de lui et le laisser sur les chemins comme un fétiche inutile au milieu de ses valets et de ses fourgons.

Il ne se souvient donc plus de Sédan et de ses hontes ineffaçables. De Sedan ! pour lequel seul il ne pourrait rentrer en France que caché d'un voile de là tête aux pieds.

Il a 800 millions de côté et l'habitude de vivre en Angleterre. On ne dira pas de lui, j'espère, qui, avant ces vingt ans, avait vécu partout, excepté en France, qu'il ne saurait vivre en exil et ailleurs que sur le sol français.

Que n'y habitue-t-il sa femme, de mémoire aussi galante que dévote, et son fils, de scrofuleux souvenir ?

N'a-t-elle pas acheté en Espagne des cantons entiers ? Ce n'est plus Eugénie Teba de Montijo de Guzman la petite-fille de l'épicier de Bruxelles, c'est bien aujourd'hui en Angleterre et en Espagne, dans ses domaines, haute et puissante dame de telle et telle partie de province, de tel canton entier.

Le petit, me direz-vous, sur le champ de bataille, s'est donné la peine de ramasser des balles et exposé au baptême du feu.

Je n'y pensais pas et vous m'y faites penser, mais alors, que son père, qui avait fait disposer les balles et lui servait de parrain paie les dragées. Où qu'il le prenne, ce sera toujours notre argent.

Tout cela nous a si bien servi !

Voyons. —Pourquoi reviendrait-il, et qui est-ce qui en demande encore ?

Ah ! j'oubliais.

Il y a les Rouher et les roués, les Persigny, les Lebeuf, les Bazaine, les Ollivier, — pas celui de la paix, celui de la guerre, — *au cœur léger*, les Delesvaux, les Devienne et consorts,.... j'oubliais le plus précieux, la perle..... la Marguerite..... Bellanger.

Prince ! Elle te tend les bras !

Oui, prince, voilà la France qui te tend les bras.

Quant à l'autre, sois tranquille.... elle est calme.

Elle te repousse, Napoléon III, comme le symbole de la corruption et du mensonge, comme l'auteur de tant d'hécatombes de braves tombés dans la dernière guerre, comme lui ayant fait tant de veuves et d'orphelins, comme l'auteur de toutes les déprédations et dévastations commises par les Prussiens, et par suite par les insurgés de Paris, comme l'homme phénoménal qui, le seul dans notre histoire, au lendemain de Sédan, fit passer 83,000 vaillants soldats sous les fourches caudines de l'ennemi.

83,000 hommes, 83,000 braves! entends-tu? Napoléon III! Ils avaient fait la veille à la redoute l'étonnement et l'admiration de l'étranger.

Voilà pourquoi, sans plus rien dire, tout ce qu'il y a de sain et d'honnête en France, te repousse et te repoussera toujours, toi et ta race.

Pour nous, vous êtes devenus des synonymes de tyrannie, d'épuisement, d'avilissement, de lâcheté, de ruine et de bassesse.

LA RÉPUBLIQUE

Amour sacré de la Patrie,
Conduis, soutiens nos bras vengeurs !
Liberté ! Liberté chérie,
Combats avec tes défenseurs !
Sous nos drapeaux que la victoire
Accoure à tes mâles accents !
Que tes ennemis expirants
Voient ton triomphe et notre gloire !

Aux armes ! Citoyens, formez vos bataillons !
Marchez, marchons,, qu'un sang impur abreuve
[nos sillons !

LA RÉPUBLIQUE

Devant cette figure sainte et vénérée mon front s'incline avec respect.

Elle est pour moi l'image de toutes les vertus, civiles et privées, le règne de la loi, le symbole du bien public.

Elle est pour moi la vérité, la pureté, tout ce qu'il a de juste, de grand, de net.

Par elle, je vois une issue pour sortir de ce siècle de fer, de ce cercle vicieux dans lequel sont enfermées les classes pauvres, les classes souffrantes, les classes militantes de la société, car c'est pour elles que sont mes sympathies, au moins autant que pour les autres.

Enfant du peuple, mon goût est pour le peuple, pour les classes déshéritées, que dis-je ? pour les classes déchues même, que je voudrais réhabiliter.

Assez d'autres se feront les avocats de la bourgeoisie, du clergé, de la noblesse et des souverains — de ce qu'ils appellent l'ordre — et n'est que l'ordre à la surface.

La République, suivant moi, suivant de bons esprits, gouvernement actuellement établi en France et reconnu par les

puissances, se dégageant des derniers ex-
cès, des énormités produites par la réaction qui s'est manifestée à Bordeaux,
innocente et pure de tous les forfaits, de
tous les attentats commis contre elle à
Paris par des bandes aussi égarées que
furieuses, la République seule, le règne
des lois, d'une sage liberté, modérée aux
circonstances et se développant avec elles,
de l'égalité, d'une prévoyante charité,
qui seules peuvent rétablir l'ordre au fond
comme à la surface, la République seule,
gouvernement de raison et à bon marché,
écartant les priviléges, pourra nous libé-
rer envers l'ennemi, panser nos plaies,
nous ramener la paix à l'intérieur et nous
asseoir sur des bases solides.

La République ! pour moi c'est « Une

« forte lame, une haute tour, une citadelle,
« une assiette de granit. »

Tout le monde y peut bâtir avec sécurité une fois assise et celui qui possède et celui qui travaille pour acquérir.

Il faut enfin la fonder sur des bases inébranlables.

Nous croyons encore au bien, au juste, à l'honnête.

Nous ne croyons plus au droit divin, à l'hérédité des trônes, à la monarchie, aux fictions constitutionnelles.

Cette vérité palpable, elle a fini par sortir de la bouche d'hommes même représentant les plus anciennes familles telles que les Noailles et autres esprits judicieux vaincus par l'évidence.

Les croyances et les traditions monarchiques, — comme les croyances et les traditions catholiques — ont eu leur temps et leur raison d'être. — Restaurées par le premier empire, acclamées sous les deux Restaurations, reprises et modifiées sous le règne du juste-milieu, repeintes et réargentées — redorées sous le dernier règne, elles n'ont pu chaque fois fournir une carrière de plus de vingt ans.

Ramenez-les ! Restaurez-les encore ! — Il en coûtera — elles vont durer vingt ans, quinze ans, dix ans, cinq ans, que sais--je ! Pour combien vivre pourra-t-on infuser un sang nouveau pris dans notre substance à ce corps décrépit ?

Après un, deux, trois, quatre lustres, ce sera donc à recommencer et encore une révolution !

Les révolutions ! qui en clora la liste ?

Et quand est-ce l'humanité amenée à idées saines et justes pourra-t-elle simplement et tranquillement se développer, *s'évoluer* et non plus se révolutionner, rétroagir, retourner en arrière par tant de soubresauts !

Familles puissantes et opulentes, — familles influentes, affirmez aujourd'hui, il en est temps, votre désir du bien, de pacification, — affirmez votre dignité !

Donnez des gages sérieux à la cause de l'ordre en maintenant la République, un gouvernement où puissent se concilier les intérêts de tous !

Les populations éprouvées et souffrantes, elles non plus ne sont pas à bout de sacrifices.

Elles peuvent encore souffrir trois mois, six mois pour la République, pour l'établissement d'un ordre stable, basé sur l'équilibre des droits de tous.

FIN.

AMIENS. — IMP. T. JEUNET.

23